GTb
Gütersloher Taschenbücher
1550

Hinrich C.G. Westphal:

geboren 1944, war 26 Jahre Öffentlichkeitspastor der
Nordelbischen Kirche in Hamburg.
Er ist Autor zahlreicher Bücher und Fernsehfilme und
Kolumnist in *Bild* und dem *Hamburger Abendblatt*.
1968 gründete er mit Helmut Thielicke die »Projektgruppe
Glaubensinformation«. 1983 rief er die Fastenaktion
»Sieben Wochen ohne« ins Leben. Im Jahr 1995 gründete
er die Aktion »Der andere Advent« und ihren Verein
»Andere Zeiten«, den er heute hauptamtlich leitet.

Neue Wege nach Bethlehem

MEDITATIONEN UND ANREGUNGEN FÜR EINEN ANDEREN ADVENT

Für täglich 12 Minuten Stille

Herausgegeben von
Andere Zeiten e.V./
Hinrich C.G. Westphal

Gütersloher Verlagshaus

Originalausgabe

Bibliografische Information Der Deutschen Bibliothek
Die Deutsche Bibliothek verzeichnet diese Publikation in der
Deutschen Nationalbibliografie; detaillierte bibliografische Daten
sind im Internet über http://dnb.ddb.de abrufbar.

ISBN 3-579-01550-8
2. Auflage, 2003
© Gütersloher Verlagshaus GmbH, Gütersloh 2002

Umschlaggestaltung: Init GmbH, Bielefeld
Umschlagmotiv: © Getty Images Deutschland GmbH
Satz: Weserdruckerei Rolf Oesselmann GmbH, Stolzenau
Druck und Bindung: Elsnerdruck, Berlin
Gedruckt auf chlorfrei gebleichtem Werkdruckpapier
Printed in Germany

www.gtvh.de

Inhalt

Liebe Leserin, lieber Leser,

alle Jahre wieder überfällt uns derselbe Ärger: Kurz nach den Sommerferien marschieren Christstollen und schokoladene Weihnachtsmänner in die Supermärkte und die ganze Welt verwandelt sich in ein strahlendes, klingendes Kaufhaus, in dem Stress und Oberflächlichkeit herrschen. Da bleibt wenig Platz für Arbeitslose und Kranke, Gefangene, Bettler und Einsame. Wenig Raum auch für unsere Sehnsucht nach Stille und Meditation, nach einem Advent, der uns wieder zu den Wurzeln des Christfestes zurückführen kann.

1995 luden wir, der Hamburger Verein »Andere Zeiten«, erstmals dazu ein, sich vom 1. Advent bis zum 6. Januar täglich etwa 12 Minuten Zeit zu nehmen, um sich einen anderen, stilleren Advent zu gönnen. Zur meditativen Begleitung dieser Zeit boten wir einen anspruchsvollen Kalender an, dessen 4 000 Startexemplare auf Anhieb vergriffen waren. Heute wird der Kalender bereits 170 000 mal angefordert, die ökumenische Aktion »Der Andere Advent« erlebt weiter eine stürmische Erfolgsgeschichte.

Offenbar geht es vielen Menschen in diesen Zeiten weniger um materielle als um seelische Erfüllung. Sie suchen zum Christfest keine vermeintlich heile, sondern eine getröstete Welt.

An dieser Suche beteiligt sich das Team unseres Vereins gern. Darum sind wir der Einladung gefolgt, eine Auswahl der beliebtesten Kalendertexte in diesem Taschenbuch zu versammeln. Sie werden darin altvertraute und eher überraschende Texte finden, literarische Kost neben praktischen Anregungen.

Wir geben sie Ihnen in der Hoffnung weiter, dass auch Sie Raum für eine stille Vorweihnachtszeit und ein »echtes« Christfest finden, Zeit für einen anderen Advent.

Hinrich C. G. Westphal

1.

WEGE
NACH INNEN

Am Anfang fällt es nicht leicht, sich aus dem Getöse dieser hektischen Wochen auszuklinken und einen eigenen Zugang zum Sinn des Advents zu finden.

Wir empfehlen Ihnen 12 Minuten Stille täglich – zum Innehalten, zum Nachdenken, zur Meditation oder zum Gebet. Wählen Sie eine Tageszeit, zu der Sie sich zurückziehen können, einen Raum, in dem Sie ungestört sind. Horchen Sie in sich hinein, sinnen Sie einem der folgenden Texte nach und warten Sie, was anders werden kann.

Nehmen Sie diese Zeit wie ein persönliches Geschenk.

Advent vielleicht

Das wäre schön
auf etwas hoffen können
was das Leben lichter macht und leichter das Herz
das gebrochene ängstliche
und dann den Mut haben
die Türen weit aufzumachen
und die Ohren und die Augen und auch den Mund
nicht länger verschließen

das wäre schön
wenn am Horizont Schiffe auftauchten
eins nach dem anderen
beladen mit Hoffnungsbrot bis an den Rand
das mehr wird immer mehr
durch Teilen

das wäre schön
wenn Gott nicht aufhörte zu träumen in uns
vom vollen Leben einer Zukunft für alle
und wenn dann der Himmel aufreißen würde
ganz plötzlich
neue Wege sich auftun hinter dem Horizont
das wäre schön

Carola Moosbach

Wie meditieren?

Wie soll man sich verhalten, wenn man sich in den täglichen Geschäften eine Stelle des Nachdenkens, der Besinnung oder der Meditation erhalten will? Ich versuche eine bescheidene Anleitung für solche Minuten der Stille.

1. Entschließe dich zu einem bescheidenen Schritt! Es gibt die protestantische Selbstentmutigung durch zu große Vorhaben, bei denen das Scheitern vorhersehbar ist. Aber vielleicht könnte man sich dazu entschließen, täglich zwölf Minuten für die Betrachtung eines Psalm- oder eines Bibelverses aufzubringen.

2. Gib dieser Betrachtung einen festen Ort! Verbringe diese Zeit nicht am normalen Platz deiner Arbeit. Vielleicht gibt es eine Zimmerecke, die ruhig ist, und an der man eine Kerze stehen oder einen besonderen Stein liegen hat. Die Orte sprechen. Wenn ich gewohnt bin, an diesem Ort zu meditieren, so »erbaut« mich der Ort. Er sagt mir, dass es der Meditationsort ist, und er sagt mir, was ich da zu tun habe.

3. Gib der Betrachtung eine feste Zeit! Nicht in jeder Zeit ist man der Ruhe fähig. Jeder wird ausprobieren müssen, was die beste Zeit ist. Gewöhnlich sind der Morgen oder Abend für die Besinnung geeignete Zeiten.

4. Auf jeden Fall sei streng mit dir selber! Mache deine jeweilige Gestimmtheit nicht zum Maßstab dafür, ob du deine Meditation machen oder lassen sollst! Unsere Stimmungen sind zwielichtig. Meditieren soll man, weil es Zeit dazu ist, nicht, weil man dazu gestimmt ist.

5. Rechne damit, daß deine Meditation kein Seelenbad ist, sondern Arbeit – manchmal schön und erfüllend, oft langweilig – und man ist froh, wenn die Zeit vorbei ist. Die Erfahrung rechtfertigt die Übung nicht, und der Mangel an Erfahrung ist kein Grund, sie zu lassen. Meditieren heißt: sich bilden. Dies aber braucht lange Fristen.

6. Meditieren heißt: nicht nachdenken. Die Besinnung ist eine Stelle hoher Passivität. Man sieht die Bilder eines Psalm- oder Bibelverses. Man läßt sie behutsam bei sich verweilen. Man jagt sie nicht und will sie nicht fassen. Man beabsichtigt nichts mit solchen Stellen der Ruhe. Man will weder klüger noch frommer noch wissender werden. Man will gar nichts, außer kommen lassen, was kommen will.

7. Sei nicht gewaltsam mit dir selber! Zwing dich nicht zur Gesammeltheit! Wie alle unsere Unternehmen ist auch dieses brüchig. Habe Humor mit deinem eigenen Misslingen!

Fulbert Steffensky

Die Frage der Fragen

Vor dem Ende sprach Rabbi Sussja:
»In der kommenden Welt wird man mich nicht fragen:
Warum bist du nicht Mose gewesen?
Man wird mich fragen:
Warum bist du nicht Sussja gewesen?«

Martin Buber

Der Stern leuchtet noch immer

»Der kleine Junge hockte auf dem Fußboden und kramte in einer alten Schachtel. Er förderte allerhand wertlose Dinge zutage – darunter auch einen silberglänzenden Stern. Was ist das? fragte er. Ein Weihnachtsstern, sagte die Mutter. Etwas von früher, von einem alten Fest.

Was war das für ein Fest? fragte der Junge. Ein langweiliges, sagte die Mutter. Die ganze Familie stand in der Wohnstube um einen Tannenbaum und sang Lieder. Und an der Spitze der Tanne befestigte man den Stern. Er sollte an den Stern erinnern, dem die Hirten nachgingen, bis sie den kleinen Jesus in der Krippe fanden. Der kleine Jesus, fragte der Junge – was soll das nun wieder sein? Das erzähle ich dir ein andermal, sagte die Mutter, und damit öffnete sie den Deckel des Müllschluckers und gab ihrem Sohn den Stern in die Hand:

Du darfst ihn hinunterwerfen und aufpassen, wie lange du ihn noch siehst.

Der Junge warf den Stern in die Röhre und lachte, als er verschwand. Aber als die Mutter wiederkam, stand er wie vorher über den Müllschlucker gebeugt: ich sehe ihn immer noch, flüsterte er. Er glitzert. Er ist immer noch da.«

Diese Geschichte stammt von Marie Luise Kaschnitz.
Der fortgeworfene Stern, der nicht aufhört zu glänzen,
ist wie eine Verheißung gerade für unsere Zeit: Es mag
sein, dass wir unsere christliche Tradition verachten und
preisgeben. Aber es wird nie dazu kommen, dass Gott
seine Liebe zu uns vergisst und aufgibt. Immer wieder
kommt er zu uns. Das ist die frohe Botschaft des Advents
von dem Gott, der da war und der da ist und der da
kommt.

Viktor Grahwit

Man kann ohne Liebe:
Holz hacken, Ziegel formen, Eisen schmieden.
Aber man kann nicht ohne Liebe
mit Menschen umgehen.

Leo Tolstoi

Beten?

Ich habe nichts zu beten,
wüsste auch nicht, zu wem.
Wenn aber
einer da wäre,
für meine Klagen
ein Ohr,
dann kriegte er was zu hören
über Krankheiten, Kriege,
und stummes Leiden
von Kindern und Tieren.
Wenn es ihn wirklich gäbe,
hätte ich viel zu fragen ...
Wenn er der Gott wäre,
die Adresse für meine Sehnsucht,
ich würde laut rufen und fordern:
Beweise dich doch!
Zeig meinem Leben den Sinn,
an dem ich oft zweifle.
Schicke mir Menschen, Gott,
die Antwort finden bei dir,
für ihre Hoffnung ein Ziel,
damit ihr Leben gelingt,
denn danach suche ich auch.
Amen.

Christian Collin

Mut zum Lassen

»Als ich jünger war, stand immer das ›Tun‹ im Vordergrund.
Je mehr zu tun war, desto besser. Nun, da ich älter werde,
sehe ich, wie das Tun langsam in den Hintergrund tritt. Ich
lerne lassen. Was früher im allzu vielen Tun unterging, be-
kommt eine neue Bedeutung: mal Nein sagen, still sein,
freiwillig auf etwas verzichten, das früher ein ›Muss‹ war
... Ich will lernen, mir aus der Fülle des Angebots an Leben herauszunehmen, was – für mich – wert ist, in der be-
grenzten Zeit getan zu werden, die mir bleibt.« Das sagte
mir eine ältere Freundin. Sie hat mich nachdenklich gemacht. Viele Jahre meines Lebens habe ich so verbracht,
als ob meine Zeit unendlich sei. Ich habe lange Abende
halbherzig vorm Fernseher gesessen und hinterher nicht
mehr gewusst, was auf dem Bildschirm zu sehen gewesen war. Ich habe Zeitschriften gekauft und von ein paar
Sensatiönchen gelesen, die ich gleich wieder vergessen
habe. Viele Stunden des Tages habe ich mit eiligem Tun
gefüllt – für mich, für die Familie, vielleicht auch für andere. Aber es war so leichtgewichtig, dass es heute kaum
eine Erinnerung daran gibt. Dabei fühlte ich mich oft von
all den Aufgaben »am Boden zerstört«. In einem alten
Gebet heißt es: »Herr, segne unser Tun und Lassen«. Haben wir je darüber nachgedacht, dass er auch unser Lassen segnen könnte?

Gisela Arnd-Quentin

17

Nikolauslegende

Alle hatten Hunger. Die Vorräte waren aufgebraucht. Seit Monaten regnete es, die Felder waren überschwemmt, die Straßen ein einziger Morast. Manchmal sah es so aus, als würde der Regen endlich weiterziehen, aber dann kehrte er mit einem Sturm nur um so heftiger zurück. Die Leute in Myra hatten sich verändert. Niemand stand mehr schwatzend vor den Häusern. Die Kinder spielten nicht mehr auf dem Marktplatz. Eine schwere Stille lag über der Stadt. Eines Tages, als kurz die Sonne zwischen den Wolken hervorkam, ging Bischof Nikolaus zum Hafen hinunter. Er hatte gebetet. Tag und Nacht. Dass Gott Sonne schenken möge. Dass die Leute ihre Felder bestellen konnten und wieder zu essen hatten, dass, ja, dass ein Wunder geschehe. Nichts.

Am Hafen standen ein paar Männer. Sie schauten aufs Meer. Und da sah er es auch: Ein Schiff lag vor Anker, sein Kiel tief im Wasser. Am Kai stand der Kapitän. »Nein«, hörte er die Leute sagen. »Nein, wir können euch kein Gemüse verkaufen, auch kein Brot, wir haben selbst nichts mehr. Wir hungern!« Der Bischof trat auf den Kapitän zu. »Was habt ihr geladen?« »Korn. Für den Kaiser, drüben in Konstantinopel.« – »Gebt uns von eurem Korn. Dann können wir Brot backen, und wenn die Felder wieder trocken sind, können wir säen.« Der

Kapitän hob die Hände. »Ich kann euch nichts geben. Es gehört dem Kaiser.« Nikolaus sah ihn an. »Ich sage euch: Es wird nichts fehlen. Gott, der Herr, wird dir jedes Korn zurückgeben.« Auf einmal war alles still. Der Kapitän schaute Nikolaus an. Sein Blick war fern. Und dann sagte er nur: »Gut.«

Matrosen brachten die Säcke an Land. Sie stapelten sie zu einem großen Berg. Man sah ihnen an, dass sie von der Sache wenig hielten. Aber – war es eine Täuschung? Immer noch lag der Kiel des Schiffes tief im Wasser. Es fehlte an Bord kein einziges Korn.

»Ein Wunder«, murmelten die Leute fassungslos. »Ein Wunder!«, riefen sie und lachten. »Ein Wunder!«

Susanne Niemeyer

Träumen

Jugendträume, was ist aus ihnen geworden? Was aus der Ballerina, dem Lokomotivführer, der Politikerin, dem Forscher, der Schauspielerin, dem Familienvater, der Romanautorin, dem Künstler, der Managerin, dem Computeringenieur, der Geigenvirtuosin, dem Komponisten?

Was wollten Sie werden, wovon haben Sie geträumt?

Sich an die eigenen Jugendträume – oder auch an spätere Träume – zu erinnern, kann Horizonte erschließen, denn manche unabgegoltene Hoffnung, manche vergessene Vision von gestern kann auch heute Zukunftsperspektiven eröffnen und Kräfte freisetzen. Darum: Träumen Sie noch einmal Ihren Träumen nach! Wovon haben Sie geträumt? Tun Sie es noch?

Ein Leben ohne Träume ist wie ein Haus ohne Fenster oder ein Tag ohne Sonnenlicht.

Jörg Herrmann

Sehnsucht nach Trost

Ich war gerade 17, als unsere Mutter starb, plötzlich und unerwartet. Hatten wir noch am Totensonntag in der Kirche das Lied gesungen: »Er weiß, wie nahe mir mein Ende«, so klangen schon acht Tage später Advents-Choräle über ihrem Sarg. Ich war verstört und konnte mir lange Zeit nicht vorstellen, dass es angesichts dieses schweren Verlustes für uns noch einmal Advent und Weihnachten werden könnte. Der süßliche Glöckchenklang der Kaufhausweihnacht hat mich seitdem auch nie mehr angesprochen.

Stattdessen entdeckte ich unsere Advents-Choräle mit ihrem ernsten herben Ton und ihrer Sehnsucht nach Tröstung. Offenbar können gerade die Liederdichter, die in ihrem eigenen Leben Tiefen durchschreiten mussten, den christlichen Trost am glaubwürdigsten ausdrücken. Jochen Klepper gehört dazu. Er, der sich während der Nazizeit schwere Sorgen um seine jüdische Frau und deren beide Töchter machen musste, lebte selbst aus den Erwartungen des Advents. Darum konnte er im Dezember 1938 das Lied »Die Nacht ist vorgedrungen« schreiben. Und selbst an seinem tragischen Lebensende im Jahr 1942 verliert er nicht den Blick auf die Heilszeit Gottes, die er mit der Klarheit des Morgensterns heraufziehen sieht. Damals schrieb er in sein Tagebuch: »Wir hoffen irdisch nichts mehr; aber wo wir von Gottes Freundlichkeit gesungen und gepredigt hören, da wird uns das Herz weit.«

In Kleppers Lied wird mir deutlich, dass es zu Weihnachten nicht nur um Vergnügen, sondern um Vertrauen geht, nicht um eine heile, sondern um eine getröstete Welt, die voller Hoffnung nach oben schauen darf.

Hinrich C.G. Westphal

Es wird nicht dunkel bleiben über denen,
die in Angst sind.

Jesaja: Kapitel 8, Vers 23

Die Nacht ist vorgedrungen

(1) Die Nacht ist vorgedrungen
der Tag ist nicht mehr fern!
So sei nun Lob gesungen
dem hellen Morgenstern!
Auch wer zur Nacht geweinet,
der stimme froh mit ein.
Der Morgenstern bescheinet
auch deine Angst und Pein.

(3) Die Nacht ist schon im Schwinden,
macht euch zum Stalle auf!
Ihr sollt das Heil dort finden,
das aller Zeiten Lauf
von Anfang an verkündet,
seit eure Schuld geschah.
Nun hat sich euch verbündet,
den Gott selbst ausersah.

(4) Noch manche Nacht wird fallen
auf Menschenleid und -schuld.
Doch wandert nun mit allen
der Stern der Gotteshuld.
Beglänzt von seinem Lichte,
hält euch kein Dunkel mehr,
von Gottes Angesichte
kam euch die Rettung her.

Jochen Klepper

Sterne sammeln

»Abends geht mir meist noch lange im Kopf herum, was ich tagsüber erlebt habe, vor allem wenn ich mich über etwas geärgert habe oder enttäuscht wurde. Oftmals deprimiert mich das wie auch die Feststellung, dass mal wieder nichts Besonderes passiert ist, alles Routine, alles vorhersehbar, abhakbar.

Vor einiger Zeit kam mir der Gedanke, dass es doch eigentlich mehr wert sei zu bedenken, was mir am Tag Gutes begegnet oder geschehen ist.

Und tatsächlich: Jeden Tag findet sich zumindest ein ›Sternchen‹ auf meinem Weg«, so schreibt uns eine Teilnehmerin.

Diese Anregung geben wir Ihnen gern weiter. Es gibt Tage, an denen uns rundum Freundlichkeit begegnet, uns alles gelingt. Andere, die uns am Abend voller Unbehagen zurückblicken lassen und uns verunsichern. Dennoch: haben wir nicht doch etwas Besonderes, etwas Gutes erfahren?

»Sterne sammeln« – gelingt das jeden Tag?

Andere Zeiten

Still werden

Als mein Gebet
immer andächtiger und innerlicher wurde,
da hatte ich immer weniger und weniger zu sagen.
Zuletzt wurde ich ganz still.

Ich wurde,
was womöglich noch ein größerer Gegensatz
zum Reden ist,
ich wurde ein Hörer.

Ich meinte erst, Beten sei Reden.
Ich lernte aber,
dass Beten nicht bloß Schweigen ist,
sondern Hören.

So ist es.
Beten heißt nicht, sich selbst reden hören.
Beten heißt:
Still werden und still sein und warten,
bis der Betende Gott hört.

Søren Kierkegaard

Was ist Licht?

Was ist Licht? Ich habe einmal als Strafgefangener in den Kasematten der Festung Glatz in einem Keller gesessen, mehr gestanden als gesessen – er war für zwanzig Leute gebaut, und hundert waren in ihm eingesperrt, acht Tage.

Acht Tage gab es kein Licht. Sie wollten uns damit mürbe machen. Aber wenn man genau hinsah, konnte man tagsüber durch die Ritzen der schweren Türen einen blassen Schein sehen. Und wenn wir zum Essenfassen hinausgeführt wurden, waren wir wie geblendet. Seitdem – und noch einmal seit dem Tage, als über dem Flugplatz von Aden 1975 die Sonne aufging – weiß ich, was Licht ist. Licht erkennt man immer erst, wenn man die tiefste Finsternis erfahren hat. Licht ist dann Befreiung, ist dann Leben … Müssen wir verzweifeln über die Finsternis der Welt, die nie so deutlich wird wie im falschen Licht, das hierzulande Weihnachten zu einem Kaufhaus gemacht hat? Ich möchte uns alle so gerne spüren lassen, dass unser Leben jeden Tag neu beginnen kann, sinnvoll und bewusst und mit Hoffnung und einem bisschen Courage sogar, vor allem aber mit einer unverlierbaren Fröhlichkeit.

Heinrich Albertz

Segne diesen Tag

Gott, ich danke
für diese Minuten der Stille am Morgen.
Lass mich für einen Augenblick durchatmen
und Kraft schöpfen,
bevor ich meinen anstrengenden Alltag
mit seinen vielen Anforderungen beginne.

Ich will Klarheit gewinnen
über das, was auf mich zukommt:
Wovor habe ich Angst?
Welche Entscheidung macht mir Kopfschmerzen?
Welchen Menschen werde ich begegnen, was erwarten
sie von mir?
Bitte sei Du an meiner Seite.

Hilf mir,
den vor mir liegenden Tag
klarer und bewusster in die Hand zu nehmen,
liebevoller und gerechter auszufüllen,
gelassener und zufriedener zu erleben.
Lass diesen Tag gesegnet sein.

Amen

Andere Zeiten

Lebendig

Das Leben annehmen
wie ein Geschenk.
Mit Trauernden trauern
mit Freunden fröhlich sein.
Märchen und Lieder entdecken,
sich die leisen Töne bewahren.
Kämpfen für die gerechte Sache,
wach bleiben für die Liebe.
Sich andern zuwenden
ohne aufzurechnen.
Nie aufhören zu hoffen,
dass das Licht über
die Dunkelheit siegt.

Andere Zeiten

2.

WEGE
ZUM ANDEREN

*Müssen es immer die üppigsten Advents-
kaffeetrinken sein?*

*Müssen alle Kekse selbstgebacken, alle
Geschenke noch phantasievoller als im
letzten Jahr sein?*

*Müssen alle Verabredungen in Stress aus-
arten, weil eigentlich die Zeit fehlt?*

*Vielleicht geht es auch anders: Indem man
öfter herzlich »Nein« sagt. Und zu den
einfachen Dingen zurückkehrt. Mal wieder einen Brief schreibt an einen Freund,
der es gar nicht erwartet. Gemeinsam liest
bei Kerzenschein. Sich fragt, wie andere
Weihnachten erleben, Wohnungslose, Gefangene, Menschen, die gerade eine ge-
liebte Person verloren haben.*

Nehmen Sie sich Zeit.

*Und geben Sie anderen ein bisschen da-
von ab.*

Fliegen

Wir sind Engel mit nur einem Flügel.
Um fliegen zu können, müssen wir uns umarmen.

Luciano de Crescenzo

Hören

Was die kleine Momo konnte wie kein anderer, das war: Zuhören. Momo konnte so zuhören, dass dumme Leute plötzlich auf sehr gescheite Gedanken kamen. Nicht etwa, weil sie etwas sagte oder fragte, was den anderen auf solche Gedanken brachte, nein, sie saß nur da und hörte einfach zu, mit aller Aufmerksamkeit und Anteilnahme. Sie konnte einfach so zuhören, dass ratlose und unentschlossene Leute auf einmal ganz genau wussten, was sie wollten. Oder dass Schüchterne sich plötzlich frei und mutig fühlten. Oder dass Unglückliche und Bedrückte zuversichtlich und froh wurden. Und wenn jemand meinte, sein Leben sei ganz verfehlt und bedeutungslos und er selbst nur irgendeiner unter Millionen, einer, auf den es überhaupt nicht ankommt und der ebenso schnell ersetzt werden kann wie ein kaputter Topf – und er ging und erzählte alles der kleinen Momo, dann wurde ihm, noch während er redete, auf geheimnisvolle Weise klar, dass er sich gründlich irrte, dass es ihn, genauso wie er war, unter allen Menschen nur ein einziges Mal gab und dass er deshalb auf seine besondere Weise für die Welt wichtig war. So konnte Momo zuhören!

Michael Ende

Himmel und Hölle

Ein Rabbi bittet Gott darum, einmal den Himmel und die Hölle sehen zu können. Gott erlaubt es ihm und gibt ihm den Propheten Elia als Führer mit.

Zuerst führt Elia den Rabbi in einen großen Raum. In seiner Mitte steht auf einem Feuer ein Topf mit einem köstlichen Gericht.

Rundherum sitzen Leute mit langen Löffeln, alle stochern in dem Topf; aber sie sehen blass, mager und elend aus – denn die Stiele der Löffel sind so lang, dass sie das herrliche Essen nicht in den Mund bringen können. Als die beiden Besucher wieder draußen sind, fragt der Rabbi den Propheten, welch seltsamer Ort das gewesen sei.

Es war die Hölle.

Darauf führt Elia den Rabbi in einen zweiten Raum, der genauso aussieht wie der erste. In der Mitte brennt ein Feuer und kocht ein köstliches Essen. Leute sitzen herum mit denselben langen Löffeln in der Hand – aber sie sind alle gut genährt, gesund und glücklich. Denn sie benutzen die langen Löffelstiele, um sich gegenseitig zu essen zu geben.

Nach einer alten Legende

Herzliches Nein

Plätzchen backen, den Weihnachtsschmuck heraus-
kramen, neuen basteln, Kinder zum Adventssingen fahren, Geschenke einkaufen, vorkochen, Weihnachtspost
schreiben, Weihnachtsatmosphäre in die Wohnung zau-
bern, ein ganz normales Pensum für mich als Hausfrau
und Mutter in der Vorweihnachtszeit.

Manchmal fühle ich mich in dieser Zeit wie ein Mut-
tertier, das ausschließlich seinen sorgenden und näh-
renden Instinkten nachkommt. Eine Freundin fragte mich
vor kurzem: »Sag mal, was tust du eigentlich so richtig
gerne für dich selbst?« »Es gibt schon Sachen, die mir
Spaß machen, zum Beispiel Kleider nähen«, antworte
ich. Ihr verdutztes Gesicht ließ mich stocken. Stimmt,
das ist ja gar nichts, was ich für mich tue. Mir war es
nicht mehr eingefallen, wie gerne ich in Ruhe einen Be-
cher Kaffee trinke, mich mit einer Freundin verabrede
oder in einem Café genussvoll in Zeitschriften schmö-
kere. Ich hatte all die Dinge vergessen, die Freude machen. Da hilft nur eins: laut und deutlich auf viele Erwartungen zu antworten: »Nein, jetzt sind nicht andere
dran, jetzt bin ich dran.« Das muss nicht wie eine Ohr-
feige klingen. Es kann ein herzliches Nein sein, das mir
hilft, mich selber nicht aus dem Blick zu verlieren.

Ursula Nielen

Kein Bildnis machen

Es ist bemerkenswert, dass wir gerade von dem Menschen, den wir lieben, am mindesten aussagen können, wie er sei. Wir lieben ihn einfach. Eben darin besteht ja die Liebe, das Wunderbare an der Liebe, dass sie uns in der Schwebe des Lebendigen hält, in der Bereitschaft, einem Menschen zu folgen in allen seinen möglichen Entfaltungen. Wir wissen, dass jeder Mensch, wenn man ihn liebt, sich wie verwandelt fühlt, wie entfaltet, und dass auch dem Liebenden sich alles entfaltet, das Nächste, das lange Bekannte. Vieles sieht er wie zum ersten Male. Die Liebe befreit es aus jeglichem Bildnis. Das ist das Erregende, das Abenteuerliche, das eigentlich Spannende, dass wir mit den Menschen, die wir lieben, nicht fertig werden: wenn wir sie lieben; solang wir sie lieben. Man höre bloß die Dichter, wenn sie lieben; sie tappen nach Vergleichen, als wären sie betrunken, sie greifen nach allen Dingen im All, nach Blumen und Tieren, nach Wolken und Sternen und Meeren. Warum? So wie das All, wie Gottes unerschöpfliche Geräumigkeit, schrankenlos, alles Möglichen voll, unfassbar ist der Mensch, den man liebt – Nur die Liebe erträgt ihn so.

Warum reisen wir? Auch dies, damit wir Menschen begegnen, die nicht meinen, dass sie uns kennen ein für allemal; damit wir noch einmal erfahren, was uns in diesem Leben möglich sei – Es ist ohnehin schon wenig genug.

Max Frisch

Dir zuliebe

Ein Ehepaar feiert das Fest der Goldenen Hochzeit. Beim gemeinsamen Frühstück denkt die Frau: »Seit fünfzig Jahren habe ich immer auf meinen Mann Rücksicht genommen und ihm immer das knusprigere Oberteil des Brötchens gegeben. Heute will ich mir endlich diese Delikatesse gönnen.« Sie schmiert sich das Oberteil des Brötchens und gibt das andere Teil ihrem Mann.

Entgegen ihrer Erwartung ist dieser hocherfreut, küsst sie und sagt: »Mein Liebling, du bereitest mir die größte Freude des Tages. Über fünfzig Jahre habe ich das Brötchen-Unterteil nicht mehr gegessen, das ich vom Brötchen am allerliebsten mag. Ich dachte immer, du sollst es haben, weil es dir so gut schmeckt.«

Autor unbekannt

Angst und Zweifel

Zweifle nicht
an dem
der dir sagt
er hat Angst

aber hab Angst
vor dem
der dir sagt
er kennt keinen Zweifel

Erich Fried

Vom Vergeben

Wenn ich zu einem Menschen sage: »Ich vergebe Dir!«, muss ich bereit sein, Schwerarbeit zu leisten, denn ich habe mich auf keine leichte Sache eingelassen.

Ich kann mir denken, dass Sie etwas verwundert über diese Bemerkung sind. Darum will ich Ihnen erzählen, wie ich zu dieser Meinung über die »Schwerarbeit« der Vergebung gekommen bin:

Es ist schon ein paar Jahre her, dass jemand, den ich für meinen Freund hielt, eine sehr hässliche Intrige gegen mich inszenierte. Ich war fassungslos und konnte es nicht verstehen. Ein gemeinsamer Freund, den das ebenfalls empört hatte, wollte vermitteln. Er machte mir deutlich, dass der andere alle möglichen Komplexe mir gegenüber habe und dass lange Unterdrücktes jetzt sozusagen zur Explosion gekommen sei. Ich solle versuchen, das zu verstehen. Dem anderen aber redete er ins Gewissen und forderte ihn auf, mich um Verzeihung zu bitten. Tatsächlich kam er dann auch und bat mich, ich möchte ihm seine Gemeinheit vergeben. Weil er mich betont als Christen ansprach, sagte ich mir: Christus hat uns zur Vergebung aufgefordert – und wie oft hat Gott mir vergeben! Also musste ich auch gegenüber meinem »Schuldiger« so verfahren. Folglich sagte ich ihm: »Gut, ich vergebe dir.« Der andere ging dann erleichtert weg. Ich aber war gar nicht erleichtert. Im Gegenteil: Ich merkte, dass ich mich übernommen hatte. Das Wort »Vergebung« war allzu hurtig dem Gehege meiner Zähne entflohen, doch mein Herz kam nicht mit und blieb hinter meinem Wort zurück. Mein Zorn grollte immer noch wider die Treulosigkeit meines Freundes. Nun musste erst die eigentliche Schwerarbeit der Vergebung bei mir beginnen. Sie bestand darin, dass ich im Gespräch mit Gott und im Ringen mit meinem Zorn und meiner Abscheu allmählich in das so schnell hingeworfene Wort »Ich vergebe dir« hineinzuwachsen versuchte; dass ich mir klar machte, wie auch mich selbst schon gewisse Neidgefühle und Komplexe beherrscht hatten und dass ich mich über den anderen nicht so pharisäisch erheben dürfte. Das ist mir dann auch allmählich gelungen. Und heute, so glaube ich, bin ich in mein Vergebungswort tatsächlich hineingewachsen. Unser Verhältnis ist bereinigt und wieder in Ordnung, obwohl ich das Geschehene nicht vergessen habe. Die Gleichstellung von Vergeben und Vergessen ist ja auch dummes Zeug.

Wenn Gott mir vergibt, macht er es sich ebenfalls nicht leicht, sondern leidet dann an mir, Seine Gnade ist nicht billig und wird nicht zu Schleuderpreisen mit der linken Hand verabreicht. Was es ihn gekostet hat, sieht man daran, dass er »seinen eingeborenen Sohn gab«. Golgatha ist ein Schmerz in Gott.

Helmut Thielicke

Begegnungen

Ich traf einen jungen Mann,
kerngesund, modisch gekleidet,
Sportwagen,
und fragte beiläufig, wie er sich fühle:
Was 'ne Frage, sagte er, beschissen!

Ich fragte, ein wenig verlegen,
eine schwerbehinderte ältere Frau
in ihrem Rollstuhl, wie es ihr gehe:
Gut, sagte sie, es geht mir gut.

Da sieht man wieder,
dachte ich bei mir,
immer hat man
mit den falschen Leuten Mitleid.

Lothar Zenetti

Höflichkeit

Ich stelle mir vor, ich gehe mit einem Kollegen durch die Tür. Vielleicht halte ich ihn für einen Esel. Vielleicht hatte ich gerade Streit mit ihm. Und doch bin ich höflich und lasse ihm den Vortritt, als wir an der Tür sind. Lüge ich? Ist meine Höflichkeit eine verdorbene Geste? Tatsächlich tue ich etwas, was meinem Herzen oder zumindest meiner augenblicklichen Stimmung nicht entspricht. Zwiespältig bin ich. Die Gebärde ist im Augenblick menschlicher als ich selber. Aber es ist meine Gebärde. Und wenn ich sie setze, dann bin ich mir in ihr selbst voraus.

In ihr übe ich einen Wunsch ein, dass das Stück Feindschaft zwischen uns oder die Missstimmung überwunden ist. In der Gebärde der Höflichkeit, die mir im Augenblick nicht aus dem Herzen kommt, spiele ich mich an meine reichere Möglichkeit heran ... Es ist der Tanz der Zukunft, die reicher und menschlicher sein sollte als der Augenblick.

Gerade wenn Menschen viel und nahe miteinander umgehen, brauche sie die Form, die ihnen voraus ist. Wundervoll ist die Höflichkeit der Eltern zu ihren Kindern und die zärtliche Höflichkeit eines Paares, das schon lange miteinander lebt.

Fulbert Steffensky

Der alte Großvater und sein Enkel

Es war einmal ein steinalter Mann, dem waren die Augen trüb geworden, die Ohren taub, und die Knie zitterten ihm. Wenn er nun bei Tisch saß und den Löffel kaum halten konnte, schüttete er Suppe auf das Tischtuch, und es floss ihm auch etwas aus dem Mund. Sein Sohn und dessen Frau ekelten sich davor, und deshalb musste sich der Großvater eines Tages hinter den Ofen in die Ecke setzen, und sie gaben ihm sein Essen in einem irdenen Schüsselchen und dazu noch nicht einmal satt. Einmal auch konnte seine zittrige Hand das Schüsselchen nicht festhalten, da fiel es zur Erde und zerbrach. Da kaufte die Frau ihm ein hölzernes Schälchen für ein paar Heller, daraus musste er nun essen. Wie sie so dasitzen, so trägt der Enkel von vier Jahren auf der Erde einige Brettlein zusammen. »Was machst du da?« fragt der Vater. »Ich mach ein Tröglein«, antwortet das Kind, »daraus sollen Vater und Mutter essen, wenn ich groß bin.« Da sahen sich Mann und Frau eine Weile an und fingen endlich an zu weinen, holten den Großvater zurück an den Tisch und ließen ihn von nun an immer bei sich mitessen.

Gebrüder Grimm

Dich

Dich
dich sein lassen
ganz dich
sehen
dass du nur du bist
wenn du alles bist
was du bist
das Zarte
und das Wilde
das was sich losreißen
und das was sich anschmiegen will
Wer nur die Hälfte liebt
der liebt dich nicht halb
sondern gar nicht
der will dich zurechtschneiden
amputieren
verstümmeln
Dich dich sein lassen
ob das schwer oder leicht ist
Es kommt nicht darauf an mit wieviel

Vorbedacht und Verstand
sondern mit wieviel Liebe und mit wieviel
offener Sehnsucht nach allem –
nach allem
was du ist
Nach der Wärme
und nach der Kälte
nach der Güte
und nach dem Starrsinn
nach deinem Willen
und Unwillen
nach jeder deiner Gebärden
nach deiner Ungebärdigkeit
Unstetigkeit
Stetigkeit
Dann
ist dieses
dich dich sein lassen
vielleicht
gar nicht so schwer

Erich Fried

Hilflos?

Donnerstagnachmittag in der Innenstadt. Es dämmert, Weihnachtsbeleuchtung vor dem dunkelblauen Himmel. Weihnachtsmarkt, Geruch von Schmalzgebäck, von irgendwoher klingt »Jingle bells«.

Auf Geschenksuche schlendere ich durch die Straßen. Bleibe stehen vor einem Schaufenster mit goldgerändertem Geschirr auf einem festlich gedeckten Tisch. Vor dem Fenster ein Mann mit einem Pappschild »Bitte um eine kleine Spende. Frohe Weihnachten.« Hundert Meter weiter ein anderer, vor sich eine Kerze und eine Schachtel mit einigen Münzen. Wieder etwas weiter eine Frau mit einer heiseren Flöte.

Ich fühle mich hilflos. Wem gebe ich etwas? Der, die mich anspricht? Dem, der am elendsten aussieht? Oder dem, der »etwas tut« für das Geld? Ich weiß es nicht. Es gibt kein System. Und allen etwas geben kann ich nicht, will ich nicht.

Aber ich will auch nicht vorbeigehen. Ich will die Armen, die Bettelnden in dieser Stadt nicht übersehen. Also gebe ich mal dem einen, mal dem anderen etwas. Ohne System. Und wenn ich damit auch nicht die Armut der Welt bekämpfe – vielleicht freut sich ja zumindest der Bittende in diesem Moment.

Susanne Niemeyer

Taten

Die Häsin lag krank. Der Igel kam zu Besuch, brachte frische Kleeblätter mit und sagte: »Kommt Zeit, kommt Rat.« Die Eule sah herein und meinte: »Gut' Ding will Weile haben.« Als die Feldmaus durchs Fenster guckte, fiepte sie: »Kopf hoch, Frau Nachbarin!« Auch die alte Katze erkundigte sich kurz nach dem Befinden. »Es wird schon werden«, bemerkte sie schnurrend und meinte es ja auch ehrlich. Als dann noch der Maulwurf durchs Fenster rief: »Keine Sorge! Ende gut, alles gut!«, empfand die Häsin nur noch Bitterkeit. In der Küche tobten die Jungen, nichts war fertig geworden. Dazu noch die Angst. Es sollte witzig klingen, als die Elster hoch vom Baum rief: »Kommen wir über den Hund, kommen wir über den Schwanz, Geduld, Geduld!« »Können die sich denn gar nicht vorstellen, wie mir zumute ist?«, dachte die Kranke. »Müssen die alle solch gut gemeinten Unsinn reden?«

Während sie noch enttäuscht darüber nachdachte, dass all der beiläufige Trost keiner war, kamen die Ameisen herein, grüßten kurz, stellten Feldblumen auf den Tisch, machten die Küche sauber, versorgten die jungen Hasen, waren bei alledem sehr leise und verabschiedeten sich geräuschlos. Da kehrte Ruhe ein. Und die Hoffnung wuchs.

Peter Spangenberg

Fragen

Halten Sie sich für einen guten Freund?

Halten Sie die Dauer einer Freundschaft (Unverbrüch-
lichkeit) für ein Wertmaß der Freundschaft?

Möchten Sie ohne Freunde auskommen können?

Wie viel Aufrichtigkeit von einem Freund ertragen Sie
in Gesellschaft oder schriftlich oder unter vier Augen?

Was fürchten Sie mehr: Das Urteil von einem Freund
oder das Urteil von Feinden?

Warum?

Gibt es Freundschaft ohne Gemeinsamkeit im Humor?

Max Frisch

3.

WEGE
ZUR KRIPPE

Grußkarten, Briefe, Einladungen, Einkäufe, Pakete, Geschenke: Die Liste der Erwartungen und Verpflichtungen ist lang, aber die Kräfte sind begrenzt.

Die Botschaft des Weihnachtsengels hieß nicht: »Siehe, ich verkündige euch einen stressigen Warenaustausch«, sondern er sprach von großer Freude.

Haben Sie noch Zeit und Raum für diese Freude? Manchmal ist es wichtig, zu sich selber zu kommen und einen unverstellten Blick auf das eigentliche Geschehen des Christfestes zu gewinnen.

Schließlich hat der Weihnachten geborene Jesus gesagt: Das Fest ist für den Menschen da und nicht der Mensch für das Fest.

Fünf Hemden

Sie trinken auf ihre neue Freundschaft: »Wenn du fünf Fernsehgeräte hättest, würde du mir eins schenken?« – »Freilich.« –

»Wenn du fünf Autos hättest, würdest du mir eins schenken?« – »Freilich.« –

»Wenn du fünf Hemden hättest, würdest du mir eins schenken?« –

Der Gefragte schüttelt den Kopf. – »Warum nicht?« – »Ich habe fünf Hemden.

Peter Bamm

Warum können Engel fliegen?
Weil sie sich leicht nehmen.

Gilbert Keith Chesterton

Psalm

Ich bin vergnügt, erlöst, befreit.
Gott nahm in seine Hände meine Zeit,
mein Fühlen, Denken, Hören, Sagen,
mein Triumphieren und Verzagen,
das Elend und die Zärtlichkeit.

Was macht, dass ich so fröhlich bin
in meinem kleinen Reich?
Ich sing und tanze her und hin
vom Kindbett bis zur Leich.

Was macht, dass ich so furchtlos bin
an vielen dunklen Tagen?
Es kommt ein Geist in meinen Sinn,
will mich durchs Leben tragen.

Was macht, dass ich so unbeschwert
und mich kein Trübsinn hält?
Weil mich mein Gott das Lachen lehrt
wohl über alle Welt.

Hanns Dieter Hüsch

Glauben im Huckepack

Vor einiger Zeit sagte jemand einem Freund: »Seit dem Kriege kann ich nicht mehr glauben. Ich habe zu viel Finsternis gesehen. Aber ich lebe davon, dass es Menschen gibt, die glauben können.« Er blickte also gleichsam auf Stellvertreter, die beten können und denen das Vertrauen geschenkt ist, das ihm selber versagt zu sein schien.

Auch ich habe es manchmal erlebt, dass jemand für seine Person zwar keinen Glauben praktizierte, dennoch aber die nicht missen mochte, die von diesem Glauben leben. Es war fast wie ein Huckepack-Unternehmen: Man fuhr geistlich nicht mit eigenem Dampf, man ließ sich sozusagen von anderen mitnehmen und lebte mit von dem, was diesen zuteil wurde. Es gibt Augenblicke, wo wir alle leer und ausgebrannt sind, wo wir »nichts fühlen von seiner Macht« und wo die Finsternis des Nichts uns wie ein Strudel in sich hineinziehen will. Dann fällt uns nichts Erbauliches mehr ein, und selbst unser Gebet sinkt mit müden Schwingen wieder von der Zimmerdecke herunter. Dann kann der Moment gekommen sein, wo es uns wichtig wird, dass andere glauben und dass wir in ein Gebet hineinkriechen, das andere formuliert haben und das wir irgendwo gedruckt finden. Dann kommt die Stunde des »Huckepack-Glaubens«.

Helmut Thielicke

Geschenke, die nichts kosten

... ein vorsichtiges Schweigen, wenn andere Fehler machen

... ein ehrliches Bekennen des begangenen Unrechts

... ein Wort der Anerkennung für das Gute des Nachbarn

... ein freundliches Gesicht bei der Eintönigkeit des Dienstes

... eine Besorgung für die kranke Nachbarin

... ein Wort der Anerkennung für eine gestresste Verkäuferin

... den Kindern eine Geschichte erzählen

... ein Gutschein für echte Hilfe im Haushalt

Oder:

....

....

....

....

Andere Zeiten

Nebel

Einen ganzen Tag lang im Sommer warteten fünfzig Urlauber eines Busses aus Flensburg am Großglockner, um diesen zu sehen.

Sie sahen indessen nur Nebel und Wolken und graues Geröll und ein wenig Schnee. So sehr sie auch schauten, mit Augen und Gläsern, es war nichts zu sehen. Und sie trafen zwei Damen aus Tilburg in Holland, die schon drei Wochen schauten und schauten auf Geröll und Gewölk, aber vom Berg nichts gesehn.

Jedoch zu zweifeln an diesem Berg, an seinem realen Vorhandensein, sah keiner sich abends genötigt, als sie den Bus dann bestiegen. Selbst Herr Koch, der ansonsten nur glaubt, was er sieht (mit eigenen Augen), sonst nichts, hatte fünf Ansichten des Großen Glockners in Farben gekauft und schrieb hinten drauf von unvergesslichen Eindrücken.

Und hatte selber gar nichts gesehen als Nebel.

Und zweifelte doch nicht an dem großen Berg.

Und vertraute dem österreichischen Alpenverein.

Lothar Zenetti

Die Einladung

Eine ungewöhnliche Einladung: die Karte wie ein Buch-
deckel bemalt, mit dem Titel »Lieblingsgeschichten«.
Am vierten Advent sollte ich zum Vorleseabend zu einer Freundin kommen – mit einer Geschichte!

Eine schwierige Aufgabe. Abendelang blätterte ich in
alten Märchenbüchern, in meinen Lieblingsromanen,
in Bänden mit Kurzgeschichten. Nichts erschien mir
zum Vorlesen geeignet. Überhaupt, wann hatte ich das
letzte Mal vorgelesen – und dann auch noch Erwach-
senen? Erst am Sonnabend vor dem Termin konnte ich
mich entscheiden – für eine Geschichte, die mich auch
beim zehnten Lesen noch fesselte.

Meine Freundin hatte ihr Zimmer so umgestellt, dass
alle fünf Gäste gemütlich sitzen konnten. Anfangs waren wir etwas befangen, aber dann las eine Frau eine
Weihnachtsgeschichte aus ihrer Kindheit vor. Ich fand
es unerwartet schön, ihr einfach zuzuhören und in meiner Phantasie Bilder zu dem Gehörten zu malen.

Es wurde ein langer Abend, zwischen dem Vorlesen
aßen wir und sprachen über Geschichten – die gehörten und unsere ganz eigenen.

Inken Christiansen

Liebe Kinder!

Lasst euch die Kindheit nicht austreiben! Schaut, die meisten Menschen legen ihre Kindheit ab wie einen alten Hut. Sie vergessen sie wie eine Telefonnummer, die nichts mehr gilt. Ihr Leben kommt ihnen vor wie eine Dauerwurst, die sie allmählich aufessen, und was gegessen worden ist, existiert nicht mehr ...

Müsste man nicht in seinem Leben wie in einem Hause treppauf treppab gehen können? Was soll die schönste Etage ohne den Keller mit den duftenden Obstborden und ohne Erdgeschoss mit der knarrenden Haustür und der scheppernden Klingel?

Nun – die meisten leben so! Sie stehen auf der obersten Stufe, erst waren sie Kinder, dann werden sie Erwachsene, aber was sind sie nun?

Nur wer erwachsen wird und Kind bleibt, ist ein Mensch!

Erich Kästner

Lebender Kalender

Das unterfränkische Fröhstockheim mit seinen 400 Seelen und der Erzbischofssitz Freiburg im Breisgau haben
wenig gemeinsam, aber die Idee vom lebenden Adventskalender eint sie. Mit einfachen Mitteln wollen sie
einen Kontrapunkt setzen gegen die Hektik der Vorweihnachtszeit, und das geht so: Dreiundzwanzig Familien
in Gemeinde und Pfarrei, für jeden Adventstag eine,
schmücken ein Fenster besonders schön – mit Tannen-
grün, Scherenschnitten, Papiertransparenten oder Sternen. Sie stellen Kerzen auf und denken sich für die
abendliche Viertelstunde der Besinnung etwas aus. Dann
kommen Nachbarn, Freunde und Fremde, Passanten
und Pfarrkinder vor dem Fenster zusammen, schweigen
oder lauschen den Alten, die sich an die karge Kriegs-
weihnacht vor über 50 Jahren erinnern, freuen sich über
Flötenspiel und Gedichte der Kleinen. Jugendliche pro-
ben einen Lichtertanz, alle singen, manchmal gibt es
Punsch und Kekse, und immer schließen sich Gesprä-
che an. Dann hören die Alten den Jungen zu und umgekehrt. Leute kommen ins Reden, die einander vielleicht nur vom Sehen kannten. Und meistens ist jemand
dabei, der den Gedanken von diesem anderen Advent
mitnimmt an seinen Ort, in seine Gemeinde. Zum Nach-
machen.

Barbara Kamprad

Verkehrschaos

Unser Taxi schaffte in jener Vorweihnachtszeit in fünf-
zehn Minuten etwa zwei Häuserblocks. »Dieser Verkehr ist eine Katastrophe«, schimpfte mein Begleiter. »Er
nimmt mir das bisschen Weihnachtsstimmung, das ich
habe.« Mein anderer Begleiter war philosophischer.

»Es ist schon unglaublich, sinnierte er, »ganz und gar
unglaublich. Denkt doch bloß – ein Kind, das vor über
neunzehnhundert Jahren mehr als achttausend Kilome-
ter von hier geboren wurde, verursacht ein Verkehrschaos auf der Fifth Avenue in New York. Tja, das ist tatsächlich unglaublich!«

Norman Vincent Peale

Umwege verbessern die Ortskenntnis.

Vietnamesisches Sprichwort

Konflikte lösen

Wo viele Familienmitglieder zu festlichen Gelegenheiten zusammentreffen, kommt es natürlich auch zu Meinungsverschiedenheiten und Konflikten. Darum sollten wir öfter miteinander üben, menschlich zu streiten.

Konflikte können nur bereinigt werden, wenn beide »Parteien« bereit sind, ihre Gefühle zu zeigen, die des anderen zu verstehen und den eigenen Standpunkt in einem offenen Gespräch darzustellen.

Anregungen: Versuchen Sie doch einmal in Ihrer Familie folgende Übung: Fassen Sie bei einer Auseinandersetzung erst die Argumente des anderen zusammen, ehe Sie selbst antworten. Es wird Ihnen viel besser gelingen, die Meinung anderer zu verstehen.

Sie kennen die Methode, mit mehreren Streichhölzern – von denen eines etwas kürzer ist – auszulosen, wer eine Aufgabe zu übernehmen hat. Können Sie sich vorstellen, freiwillig »den Kürzeren« zu ziehen und um des Friedens willen einmal auf Ihr Recht zu verzichten? Oder gibt es in Ihrem Kreise eine, die umgekehrt endlich einmal lernen müsste, auf ihrem Recht zu bestehen?

Andere Zeiten

Trompete

Als ich 14 Jahre alt war, wünschte ich mir zu Weihnachten eine Trompete. Meine Eltern schenkten mir eine Blockflöte mit den Worten. »Beweise dich erst einmal an diesem Instrument.« Als ich meinen Wunsch im nächsten Jahr wiederholte, bekam ich eine F-Flöte geschenkt. Da gab ich es auf.

Aber auch als 50-jähriger war mein Trompetenwunsch immer noch lebendig, er steckte mir wie ein Stachel im Fleisch. Im letzten Advent hielt ich es nicht mehr aus. Ich bestellte mir ein Taxi, fuhr zum nächsten Musikgeschäft und schenkte mir selbst eine Trompete. Glücklich fuhr ich nach Hause, und einen Musiklehrer fand ich ein paar Tage später auch. Es macht mir großen Spaß. Als ich mein erstes Lied spielte (»Der Mond ist aufgegangen«), musste ich an meine Eltern denken. Schade, dass sie das nicht mehr miterleben dürfen.

Hinrich C. G. Westphal

10 Anregungen für Workaholics

- Bewerte dein Leben und das deiner Mitmenschen nicht nur nach der Leistung.

- Halte dreimal täglich nach dem Horizont Ausschau – und wenn er sich nur bis zum Nachbarhaus erstreckt.

- Streiche die Worte »Zweck« und »Nutzen« eine Weile aus deinem Wortschatz.

- Verwechsle deinen Schreibtisch, deine Küche, deinen Heimwerkerkeller nicht mit dem Sinn des Lebens.

- Sei mindestens einmal im Monat ein paar Stunden für niemanden erreichbar – nicht einmal für deine Arbeit.

- Schlafe ab und zu aus, schon deinen Mitmenschen zuliebe.

- Halte dich nicht für unersetzlich.

- Achte darauf, andere nicht anzustecken.

- Liebe deine Pflichten, deinen Erfolg und den Weg dorthin nicht mehr als dich selbst.

- Befolge diese Anregungen erst ab übermorgen.

nach Christel Voß-Goldstein

Selber singen macht Spaß

»Wenn Lutz Heiligabend kommt, wird er von unserem Singen wohl nicht begeistert sein«, meint meine Tochter über ihren neuen Freund. »Das kennen eben nicht mehr viele. Die meisten lassen lieber singen. Auch zum Weihnachtsoratorium ist er nur mir zuliebe mitgekommen. Die texte fand er viel zu süßlich. Doch auf die Musik ließ er sich gern ein. Besonders gefielen ihm die Soli von Alt und Tenor. Und die Stimmkraft des Chores hat ihn beeindruckt.«

»Schade«, sage ich, »das werden wir ihm nicht bieten können. Weißt du noch, wie der Hund das erste Mal auf unser Singen reagiert hat? Aufgeregt gebellt hat er und uns besorgt angesprungen. Er dachte, wir riefen um Hilfe oder so. Vor Lachen konnten wir dann nicht mehr. Sollten wir vielleicht in diesem Jahr aufs Singen verzichten?«

»So heftig wird Lutz wohl nicht reagieren. Es wäre doch wirklich schade. Wir singen nur dieses eine Mal im Jahr zusammen. Und es macht doch auch Spaß, wenn wir uns erst mal eingestimmt haben.« Und so kam es: Der Hund jaulte, doch so kurz wie nie zuvor. Lutz schwieg lange. Begann dann zaghaft mitzusingen. Schließlich mit schöner, kräftiger Stimme. Das tat unserem kleinen Chor – nicht nur hörbar – richtig gut. Und den Nachbarn wird's vielleicht auch gefallen haben. Beschwert haben sie sich jedenfalls nicht.

Karin Ullrich

Vor Ladenschluss

Ich schenke gern. Grundsatzdebatten, ob oder ob nicht, meide ich. Ein Geschenk ist immer auch ein Zeichen der Aufmerksamkeit, der Dankbarkeit, der Zuneigung, der Liebe erst recht. Und daran herrscht selten Überfluss.

An Weihnachten hat Schenken Konjunktur. Was manche und manchen Wochen im voraus nervös werden lässt, aus Sorge, sie könnten nichts finden. Es ist die Zeit der großen Kataloge. Früh soll alles besorgt sein. Ich pflege, durch Erfahrung bestärkt, seit Jahren ein anderes Ritual, halte mir den Morgen vor der Christnacht für meine Besorgungen frei. Da ist kein Trubel mehr wie an den langen Adventssamstagen. Ich ziehe los, vergnügt und unaufgeregt, manchmal gar ohne genauere Vorgaben. Freilich kenne ich – ein bisschen zumindest – Neigungen und Hobbies derer, die ich beschenken möchte. Das genügt als Basis fürs Gelingen. Also schaue ich, wäge und wähle. Die Phantasie macht's – nicht der Preis.

Die Verkäuferin, gar nicht mehr gestresst, kriegt überm Verpacken schon blanke Augen: »Darüber würde ich mich auch freuen.«

Hans-Albrecht Pflästerer

Ein Vater geht in die Knie

Wenn ein Vater mit seinem Kind spielt oder wenn er es tröstet, dann bleibt er nicht in seiner vollen Größe vor dem Kind stehen. Er geht in die Knie, er macht sich klein, er begibt sich in die Lage des Kindes. Dieser Vater macht sich immer auch ein bisschen lächerlich, wie er da auf den Knien rutscht und die Kindersprache spricht.

Gott wird Mensch, das erzählt die Weihnachtsgeschichte. Und in vielen Farben malt sie die neue Lächerlichkeit Gottes aus, der sich nicht in seine Macht und Überlegenheit festgekrallt hat. Er geht in die Knie, er erlebt das Leben aus unserer Perspektive, und er spricht die Sprache unseres Stammelns. Der Sohn Gottes, der kleine König, hat keine Stelle, an der er mit Anstand geboren werden kann. Irgendeine zugige Höhle ist gut genug für ihn. Seine Huldiger sind ein paar zerlumpte Hirten. Der kleine König wird versteckt und heimlich außer Landes gebracht, denn die Macht trachtet ihm nach dem Leben. Er ist nicht einmal einzigartig in seinem Leiden.

Er ist nicht der erste Asylant, und er wird auch nicht der letzte sein.

Es ist ein fremder und zärtlicher Gedanke, dass unser Leben und die Welt nicht gerettet werden durch die Macht der Mächtigen, sondern durch die Teilnahme Gottes an unseren Ohnmachten und an unseren Leiden. Gott geht in Jesus Christus in die Knie, wie wir in die Knie gehen, wenn uns das Leben schlägt.

Er hat gelernt, was Hunger und Durst, was Einsamkeit und Folter ist. Ob Menschen Brot haben oder nicht, ob sie geschlagen werden oder ob sie in Ruhe leben können; ob sie Arbeit haben oder ob sie demoralisiert werden, weil ihnen die Arbeit genommen wird – das ist eine spirituelle Angelegenheit geworden, seit Gott mit unseren Wunden bedeckt ist. Seit Gott die Gestalt unserer Knechtschaft angenommen hat, ist alles wichtig geworden, das Brot und das Wasser, das Glück und die Wunden, die Zerstörung des Lebens und seine Fülle.

Der kleine König hat gesiegt, erzählt uns die Bibel; er ist auferstanden. Die Geschichte von der machtlosen Liebe, die das Leben gewinnt, ist schwer zu glauben. Was wir erfahren, spricht gegen sie, und nach dem Sieg des kleinen Königs sind noch so viele Menschen zusammengebrochen in den Niederlagen des Lebens. Aber wie könnten wir leben ohne die Schönheit dieser Geschichte? Sie ist der versprochene Segen, wo uns das Leben in die Knie zwingt.

Fulbert Steffensky

Heiligabend in der Kneipe

Ich weiß: Heiligabend in die Kneipe gehen, das tut man nicht. Als ich zu nächtlicher Stunde trotzdem einmal in meine Stammkneipe schaue, wundere ich mich, wie gut besucht sie ist und wie freundlich es dort zugeht. Auf den Tischen bunte Weihnachtsteller und eine Kerze, am Tresen stehen mir bekannte Taxifahrer, Journalisten und Grafikerinnen. In der Ecke spielt ein Lehrer mit einem Sänger Schach, und der grauhaarige Alkoholiker, der mir immer von seinen Verwandten erzählt, ist in der Ecke eingeschlafen.

Ingrid stellt sich neben mich, im dunklen Kostüm, in dem sie heute ihren Vater besuchte. »Es war anstrengend«, sagt sie, »weil man viele Themen ausklammern muss. Meine Schwester geht schon gar nicht mehr hin.« Schon sind wir in ein intensives Gespräch über Weihnachten und Familie vertieft. Es gibt viel zu erinnern und manches zu klagen. Der Barkeeper und ein Schachspieler mischen sich ein. Für uns vier Singles wird es ein anregender Weihnachtsabend in der Kneipe, auch wenn man so etwas eigentlich nicht tut ...

Christian Collin

Geboren im Stall

Wer konnte denn wissen,
wer da geboren wird,
in Nachbars Stall,
wo die Mäuse rascheln,
warum in der Nacht
so viele Fremde dort
ein- und ausgehen.
Leute, die niemand
jemals gesehen hat.

Wer konnte denn ahnen,
dass es gesucht wird, das Kind,
so jung und schon vertrieben,
wahrscheinlich berufen,
bestimmt zu Höherem,
ein Dorn im Auge
der Herrschenden hier.

Wer konnte denn glauben,
dass er wiederkommt,
hier lebt und
hier stirbt und
hier aufersteht.
Und wieder verschwindet
und wieder sich regt
im Kreis seiner Freunde,
die leben wie wir.

Wie kann man denn wissen,
wo einer geboren wird,
so einer wie er.

Arnim Juhre

4.

ZWISCHEN DEN JAHREN

Weihnachten liegt hinter uns, der Jahreswechsel vor uns: nachdenkenswerte Tage zwischen »nicht mehr und noch nicht«. Zeit, zurückzublicken und sich zu erinnern, persönliche Jahresbilanz zu ziehen und zu danken. Zeit, frei zu werden für das Neue, Zukunft zu planen und Vorsätze zu fassen, sich der Freundschaften zu vergewissern und um Segen zu bitten.

Unser Leben bewegt sich nicht im ewiggleichen Kreis wie die Zeiger der Uhren.

Die schweren und die schönen Augenblicke unseres Lebens kehren nicht wieder, unsere Lebenszeit ist einmalig, läuft weiter und einmal aus. In diesen Tagen spüren wir, dass wir endlich sind und dass es gut und tröstlich ist, im Einklang mit dem Herrn der Zeit zu leben.

Darum geht unser Kalender weiter

Adventskalender wollen auf Weihnachten vorbereiten, die Vorfreude begleiten und sich Tür für Tür oder Seite für Seite dem Fest öffnen. Der Heilige Abend ist der festliche Höhepunkt, dem zwei Feiertage folgen.

Was aber kommt danach? Ein großes Loch, ein Abfall der Kräfte, ein leeres Gefühl. Das soll nicht sein, auch darum geht unser Kalender weiter – bis zum 6. Januar. Wir wollen damit deutlich machen, Weihnachten ist mehr als die Dreitage-Feier und nichts dahinter, mehr als die süßliche Geschichte eines Knaben mit lockigem Haar. Weihnachten feiert den Beginn eines ungewöhnlichen Menschenlebens, den Geburtstag eines Mannes, der eine einzigartige Botschaft brachte und sie glaubwürdig vorlebte – glaubwürdig bis zum Tod am Holz des Kreuzes. Es liegt eine tiefe Wahrheit in dem Satz: Krippe und Kreuz seien aus demselben Holz geschnitzt.

Die Begegnung mit dem Mann aus Nazareth kann unser Leben verändern. Weihnachten kann der Doppelpunkt vor einem neuen Beginn unseres Lebens und Glaubens sein. Darum fängt nach Weihnachten alles erst an, darum geht unser Kalender weiter.

Andere Zeiten

Verrückter

Wenn ich mein Leben noch einmal leben könnte, im nächsten Leben, würde ich versuchen, mehr Fehler zu machen. Ich würde nicht so perfekt sein wollen, ich würde mich mehr entspannen. Ich wäre ein bisschen verrückter, als ich es gewesen bin, ich würde viel weniger Dinge so ernst nehmen. Ich würde mehr riskieren, würde mehr reisen, Sonnenuntergänge betrachten, mehr bergsteigen, mehr in Flüssen schwimmen.

Ich war einer dieser klugen Menschen, die jede Minute ihres Lebens fruchtbar verbrachten; freilich hatte ich auch Momente der Freude, aber wenn ich noch einmal anfangen könnte, würde ich versuchen, mehr gute Augenblicke zu haben. Falls du es noch nicht weißt, aus diesen besteht nämlich das Leben; nur aus Augenblicken. Vergiss nicht den jetzigen. Wenn ich noch einmal leben könnte, würde ich von Frühlingsbeginn an bis in den Spätherbst hinein barfuß gehen.

Und ich würde mehr mit Kindern spielen, wenn ich das Leben noch vor mir hätte.

Aber sehen Sie ... ich bin 85 Jahre alt und weiß, dass ich bald sterben werde.

Jorge Luis Borges

Zwölf heilige Nächte

Die Zeit um Weihnachten war schon immer von Nächten bestimmt. Alles Große und Wichtige geschah nachts. Die Götter im Norden brachen zur Wintersonnenwende in das Leben der Menschen ein, zerstörend und segnend zugleich. Frau Holle zog übers Land, vom Heer der verstorbenen Kinder umgeben. Die Toten gingen um, unberechenbare Mächte trieben ihr Unwesen. Mit Amuletten, Räucherwerk und Beschwörung schützte man Haus und Hof vor Schimmelreiter und Klapperbock. Von den Nächten der Mütter sprachen die Angelsachsen, und sie rührten damit an Geburt und Tod, nannten die Quelle, den Segen und die Gefahr für das atmende Leben. Es ist lange her, seit die Christen in die Nächte der heidnischen Götter ein Licht brachten: die Nachricht von Gott, der nicht kriegerisch im wilden Heer Wotans, sondern wehrlos in Gestalt eines Kindes kommt. Der innere Weg hin zur Krippe, einst bedächtig Schritt um Schritt gegangen, scheint verschüttet. Es ist, als wäre das Heilige, das Geheimnis verloren, überflutet von rastloser Leere, vom Gerede über das Fest. Dieses Fest, das eine Quelle der Kraft war, zeigt oft nur noch die Stunde an, in der die Kraft am Ende ist. Vielleicht sind die Wochen des Advent für diese Generation oder für eine Reihe von Jahren wirklich verloren. Für uns bleibt nur, die Stille dort zu suchen, wo sie unzerstört ist: in den Tagen danach. Vielleicht verstehen wir mehr, wenn die Lieder gesungen und die Kerzen abgebrannt sind, wenn das Jahr auf seine letzte Stunde zugeht. Vielleicht entdecken wir die zwölf heiligen Nächte neu, die mit dem Christfest beginnen und auf das Fest der Erscheinung Christi hinführen. Vielleicht finden wir in ihnen die Stunde, in der wir allein sind mit einem Wort oder einem Bild, in der wir ein wenig vom Sinn unseres Daseins und vom Geheimnis Gottes berühren.

nach Jörg Zink

Weiter
als der Traum
einer heilen Welt
trägt uns der Trost
der heiligen Nacht.

Hinrich C. G. Westphal

Die Schatzkiste

Ich möchte der tristen Stimmung etwas entgegensetzen, die uns im Januar und Februar oft überfällt.

Manche haben Schatzkisten mit Steinen aus dem Urlaub, Muscheln vom Meer, Eintrittskarten, Vogelfedern. Sie nehmen diese Dinge in die Hand und erinnern sich.

So eine richtige Schatzkiste habe ich nicht, aber Erinnerungen habe ich auch gesammelt.

Zum Beispiel jenen Abend, an dem wir zusammensaßen, gut gegessen und getrunken hatten, uns miteinander angeregt und teilweise sogar tiefsinnig unterhielten. Eine wunderbare Stimmung von Freundschaft und Vertrautheit war fast greifbar. Solche Abende würde ich gerne in die Schatzkiste tun. Oder das Konzert, die Lesung, den Film, das Theaterstück, die mein Leben bereichern und vertiefen: Die Klänge, Worte und Bilder würde ich gern bewahren. Sicher möchte ich auch das erste glucksende Lachen meiner Kinder hervorholen können, wenn die Zeit grau wird und lang.

Andere Zeiten

Geduldiger

Sie sind so jung, so vor allem Anfang, und ich möchte Sie, so gut ich es kann, bitten, Geduld zu haben gegen alles Ungelöste in Ihrem Herzen und zu versuchen, die Fragen selbst lieb zu haben wie verschlossene Stuben und wie Bücher, die in einer sehr fremden Sprache geschrieben sind.

Forschen Sie jetzt nicht nach den Antworten, die Ihnen nicht gegeben werden können, weil Sie sie nicht leben könnten. Und es handelt sich darum, alles zu leben.

Leben Sie jetzt die Fragen. Vielleicht leben Sie dann allmählich, ohne es zu merken, eines fernen Tages in die Antwort hinein.

Rainer Maria Rilke

Das Lächeln

Pummerer, in morgendlich heitrer Ruh',
lächelt seinem Nachbarn Mommer zu.
Dieser, durch das Lächeln ebenfalls heiter,
gibt es an den Omnibusfahrer weiter,
der an die Zeitungsverkäuferin, und die
an Dr. Müller-Zinn, Facharzt für Psychiatrie,
dieser an Schwester Elke vom Kinderhort,
diese an die Toilettenfrau – und so fort.
So kommt es schließlich irgendwann
abends gegen sechs am Schillerplatz an
bei einem im Augenblick traurig-tristen,
durch das Lächeln doch erheiterten Polizisten,
so dass er, als Pummerer den Verkehr blockiert,
den Verstoß nur mit einem Lächeln quittiert.

Otto Heinrich Kühner

Nimm dir Zeit

Nimm dir Zeit, um zu arbeiten,
es ist der Preis des Erfolges.
Nimm dir Zeit, um nachzudenken,
es ist die Quelle der Kraft.
Nimm dir Zeit, um zu spielen,
es ist das Geheimnis der Jugend.
Nimm dir Zeit, um zu lesen,
es ist die Grundlage des Wissens.
Nimm dir Zeit, um freundlich zu sein,
es ist das Tor zum Glücklichsein.
Nimm dir Zeit, um zu träumen,
es ist der Weg zu den Sternen.

Nimm dir Zeit, um zu lieben,
es ist die wahre Lebensfreude.
Nimm dir Zeit, um froh zu sein,
es ist die Musik der Seele.

Irische Weisheit

Zum Jahreswechsel

Denken Sie am Jahresende auch an die Begegnungen und Ereignisse, die Freuden und Enttäuschungen der vergangenen zwölf Monate zurück? Mit den Symbolen der Wetterkarte wollen wir Sie anregen sich zu erinnern. Vielleicht ergeben sich daraus auch Perspektiven für die Zukunft im Blick auf Sie selbst und andere Menschen.

Was hat mich belastet?

Welche Zeiten waren stürmisch? Wann war alles grau in grau, wie Nieselregen? Wo hat ein Blitz eingeschlagen? Wann hat ein gewaltiger Donner mich erschreckt? Wann habe ich mich in Zeiten, die wie Nebel waren, nicht mehr zurechtgefunden? Welche Tage waren wechselhaft? Welche Kontakte sind abgekühlt?

Was hat mir gut getan?

Wann habe ich die Zeiten sonnig und warm erlebt? Welche Beziehungen und Freundschaften sind beständig? Wann hat ein Gewitter die Luft gereinigt? Warum

habe ich alles ganz klar gesehen? Wann hat frische Luft
mir Auftrieb gegeben?

_____

_____

_____

_____

Was wünsche ich mir?

_____

_____

_____

_____

Was möchte ich ändern?

_____

_____

_____

_____

Andere Zeiten

An der Pforte

Ich sagte zu dem Engel,
der an der Pforte des neuen Jahres stand:
Gib mir ein Licht,
damit ich sicheren Fußes der
Ungewissheit entgegensehen kann.

Aber er antwortete:
Geh nur hin in die Dunkelheit und lege
deine Hand in die Hand Gottes.
Das ist besser als ein Licht und sicherer
als ein bekannter Weg.

Eine chinesische Christin

Von guten Mächten

Von guten Mächten treu und still umgeben,
behütet und getröstet wunderbar,
so will ich diese Tage mit euch leben
und mit euch gehen in eines neues Jahr.

Noch will das alte unsre Herzen quälen,
noch drückt uns böser Tage schwere Last.
Ach Herr, gib unsern aufgeschreckten Seelen
das Heil, für das du uns geschaffen hast.

Und reichst du uns den schweren Kelch, den bittern
des Leids, gefüllt bis an den höchsten Rand,
so nehmen wir ihn dankbar ohne Zittern
aus deiner guten und geliebten Hand.

Doch willst du uns noch einmal Freude schenken
an dieser Welt und ihrer Sonne Glanz,
dann wolln wir des Vergangenen gedenken,
und dann gehört dir unser Leben ganz.

Von guten Mächten wunderbar geborgen
erwarten wir getrost, was kommen mag.
Gott ist bei uns am Abend und am Morgen
und ganz gewiss an jedem neuen Tag.

Dietrich Bonhoeffer

Natürlich ist mir längst bekannt, dass gute Vorsätze meist zu nichts führen, das könnte auch für alle meine Vorsätze zum neuen Jahr gelten. Und trotzdem habe ich einen:

Ich möchte versuchen, etwas von Silvester in das neue Jahr hinüberzuretten: etwas von dem Lärm, dem Krach und dem Spektakel, und es auch bewahren für das neue Jahr.

- Ich will laut werden, wo ich sonst immer schweige.
- Nicht alles hinunterschlucken.
- Ich will schreien, wo etwas wehtut.
- Krach machen, wo anderen Menschen die Zukunft genommen wird.
- Bisweilen will ich andere aufwecken und natürlich auch mich selbst.

Vielleicht vertreibe ich damit auch die Geister der Trübsal.

Greta Lobowski

5.

WEGE INS NEUE JAHR

Der erste Schritt im Schnee, ein neues Buch aufschlagen, das erste Mal nach langer Zeit wieder in der Sonne sitzen – den Zauber der Anfänge kennt wohl jeder. Besonders am Beginn eines neuen Jahres: Es ist eine Chance, manche Dinge anders zu sehen: mal wieder anzufangen zu träumen, Wünsche zu entdecken, Visionen zu entwickeln. Oder etwas beginnen, was man schon immer einmal tun wollte: Allein in den Urlaub fahren. Ein Bild malen. Neugieriger sein. Manchmal sind es gar nicht die großen Vorsätze, die Veränderungen bewirken, sondern kleine Schritte in eine andere Richtung. Wie auch immer Sie ins neue Jahr gehen, Gottes Segen geht mit.

Leere Seiten

Ich liebe Bücher mit lauter leeren Seiten. Am liebsten mag ich sie, wenn sie schön eingebunden sind. Leere Seiten haben etwas Unschuldiges, Reines an sich und laden zugleich ein, Gedanken, Worte und Bilder in diesem Buch lebendig werden zu lassen.

Ich benutze Bücher mit leeren Seiten, um Gedichte aufzuschreiben, interessante Erlebnisse, Ideen, die ich nicht vergessen will. Ich nehme manchmal so ein Buch mit in den Urlaub, um Tagebuch zu schreiben, interessante Begegnungen festzuhalten oder schöne Fotos einzukleben. Und es ist immer wieder aufregend, ein selbstgemachtes Buch in die Hand zu nehmen und beim Betrachten zurückzudenken an längst vergangene Reisen, Begegnungen oder Erfahrungen.

Das neue Jahr ist für mich wie ein Buch mit lauter leeren Seiten. Es ist noch voller ungeahnter Möglichkeiten und wartet darauf, beschrieben zu werden. Ich bin gespannt, was für ein Buch es am Ende des Jahres sein wird. Es ist gut, dass ich mitwirken kann an diesem Buch. Ich habe Einfluss darauf, ob es ein Gruselbuch wird oder ein Liebesroman, ob es interessant wird und fröhlich.

Ich will darauf achten, wer in diesem Buch schreibt und seine Spuren hinterlässt. Ich wünsche mir, dass Gott mitwirkt und dem Jahr eine gute Richtung gibt. Ich will auf seine Beiträge nicht verzichten. Ob ernst oder froh, traurig oder glücklich – es werden Beiträge zum Leben sein.

Rainer Haak

Mut

Im neuen Jahr
grüße ich
meine nahen und
die fremden Freunde

grüße die
geliebten Toten

grüße die
Einsamen

grüße die Künstler
die mit
Worten Bildern Tönen
mich beglücken

grüße die
verschollenen Engel

grüße mich selber
mit dem Zuruf
Mut

Rose Ausländer

Hoffnung

Vor einiger Zeit besuchte ich mit meiner Enkeltochter eine Freundin, die ein Kind bekommen hatte. Die Enkeltochter sah das Kind lange und bewegt an, und schließlich sagte sie: »Es hat so schöne unabgelaufene Füße!« Immer wenn etwas anfängt – ein neues Leben, die Ehe von zwei Menschen, eine neue Zeit und ein neues Jahr, überkommt Menschen eine Art gerührter Hoffnung. Noch ist das Neue nicht verletzt, gedemütigt und beschmutzt, noch ist es nicht korrumpiert, noch hat es wundervolle unabgelaufene Füße.

Jeder Anfang hat die Zartheit und den Glanz des Unverdorbenen. Er ist eine Erinnerung und ein Versprechen, eine Erinnerung an alle die Anfänge, die in Hoffnung begonnen wurden; ein Versprechen, einmal wird es einen Anfang geben, der nicht in Kürze überholt und in den Staub der Anfänge von gestern gesunken ist. Wir haben viele Anfänge gesehen, die nicht gehalten haben, was sie versprochen haben. Aber wer weiß? Es könnte ja sein, dass dieser Anfang nicht trügt. Es könnte ja sein, dass der Prophet Jesaja Recht hat. »Gedenkt nicht an das Frühere und achtet nicht auf das Vorige. Denn siehe, ich will ein Neues schaffen, jetzt wächst es auf, erkennt ihr's denn nicht?«

Fulbert Steffensky

Sorge

Dass die Vögel
der Sorge und
des Kummers
über deinem Haupt fliegen,
kannst du
nicht verhindern.
Doch du kannst
verhindern,
dass sie Nester
in deinem Haar
bauen.

Martin Luther

Löwenzahn

Ein Mann beschloss, einen Garten anzulegen. Er bereitete den Boden vor und streute den Samen wunderschöner Blumen aus. Als die Saat aufging, wuchs auch der Löwenzahn. Da versuchte der Freund der Blumen mit mancherlei Methoden, des Löwenzahns Herr zu werden, und machte sich, als alles nichts half, auf, um in der fernen Hauptstadt den Hofgärtner des Königs zu befragen.

Der weise alte Gärtner, der schon so manchen Park angelegt und allzeit bereitwillig Rat erteilt hatte, gab vielfältig Auskunft, wie der Löwenzahn loszuwerden sei. Aber es erwies sich, dass der Fragende schon alles erprobt hatte.

So saßen die beiden eine Zeit lang schweigend beisammen, bis am Ende der Gärtner den Ratlosen schmunzelnd anschaute und sagte: »Wenn denn alles, was ich dir vorgeschlagen habe, nichts genützt hat, dann gibt es nur einen Ausweg: Lerne, den Löwenzahn zu lieben.«

Nach einer Sufigeschichte

Wunder

Nicht müde werden
sondern dem Wunder
leise
wie einem Vogel
die Hand hinhalten

Hilde Domin

Der alte Straßenkehrer Beppo

Der alte Straßenkehrer Beppo verrät seiner Freundin Momo sein Geheimnis. Es ist so: Manchmal hat man eine sehr lange Straße vor sich. Man denkt, die ist so schrecklich lang; das kann man niemals schaffen, denkt man. Und dann fängt man an, sich zu eilen. Und man eilt sich immer mehr. Jedesmal, wenn man aufblickt, sieht man, dass es gar nicht weniger wird, was noch vor einem liegt. Und man strengt sich noch mehr an, man kriegt es mit der Angst, und zum Schluss ist man ganz außer Puste und kann nicht mehr. Und die Straße liegt immer noch vor einem. So darf man es nicht machen. Man darf nie an die ganze Straße auf einmal denken, verstehst du? Man muss nur an den nächsten Schritt denken, an den nächsten Atemzug, an den nächsten Besenstrich. Und immer wieder nur an den nächsten. Dann macht es Freude; das ist wichtig, dann macht man seine Sache gut. Und so soll es sein. Auf einmal merkt man, dass man Schritt für Schritt die ganze Straße gemacht hat. Man hat gar nicht gemerkt wie, und man ist nicht außer Puste. Das ist wichtig.

Michael Ende

Für ein Kind

Ich habe gebetet. So nimm von der Sonne und geh.
Die Bäume werden belaubt sein.
Ich habe den Blüten gesagt, sie mögen
dich schmücken.

Kommst du zum Strom, da wartet ein Fährmann.
Zur Nacht läutet sein Herz übers Wasser.
Sein Boot hat goldene Planken, das trägt dich.

Die Ufer werden bewohnt sein.
Ich habe den Menschen gesagt, sie mögen dich lieben.
Es wird dir einer begegnen, der hat mich gehört.

Günter Bruno Fuchs

Sehnsucht

Wenn du ein Schiff bauen willst,
so trommle nicht Leute zusammen, um Holz zu
beschaffen, Werkzeuge vorzubereiten, Aufgaben
zu vergeben und die Arbeit einzuteilen,
sondern wecke in ihnen die Sehnsucht nach
dem weiten, endlosen Meer.

Antoine de Saint-Exupéry

Ermutigung

Du, lass dich nicht verhärten
In dieser harten Zeit
Die all zu hart sind, brechen
Die all zu spitz sind, stechen
Und brechen ab sogleich

Du, lass dich nicht verbittern
In dieser bittren Zeit
Die Herrschenden erzittern
– sitzt du erst hinter Gittern –
Doch nicht vor deinem Leid

Du, lass dich nicht erschrecken
In dieser Schreckenszeit
Das wolln sie doch bezwecken
Dass wir die Waffen strecken
Schon vor dem großen Streit

Du, lass dich nicht verbrauchen
Gebrauche deine Zeit
Du kannst nicht untertauchen
Du brauchst uns, und wir brauchen
Grad deine Heiterkeit

Wir wolln es nicht verschweigen
In dieser Schweigezeit
Das Grün bricht aus den Zweigen
Wir wolln das allen zeigen
Dann wissen sie Bescheid

Wolf Biermann

Freies Geleit

Da wird ein Ufer
zurückbleiben.
Oder das Ende eines
Feldwegs.

Noch über letzte Lichter hinaus
wird es gehen.

Aufhalten darf uns
niemand und nichts!

Da wird sein
unser Mund
voll Lachens –

Die Seele
reiseklar –

Das All
nur eine schmale Tür,

angelweit offen –

Heinz Piontek

Neujahrssegen

Möge dich ein Engel
auf deinen Wegen behüten
und dich vor allem Dunklen bewahren.
Möge er deine Sorge tragen helfen
und dein Leben von innen her
erwärmen und erleuchten
und dir die Gewissheit schenken,
dass es gut ist, dass es dich gibt.
Wenn du ihn spürst,
ist es vielleicht
ein Gedanke der Liebe
von mir

Christa Spilling-Nöker

Quellenverzeichnis

S. 10: Carola Moosbach, *Advent vielleicht*. Aus: Dies., Lobet die Eine. Schweige- und Schreigebete. © Matthias-Grünewald-Verlag, Mainz 2000. **S. 11f.**, **40, 62f.**: Fulbert Steffensky, *Wie meditieren? / Höflichkeit / Ein Vater geht in die Knie*. © Autor. **S. 13**: Martin Buber, Die Frage der Fragen. Aus: Ders., Die Erzählungen der Chassidim. © Manesse Verlag, Zürich 1949. **S. 14f.**: Viktor Grahwit, *Der Stern leuchtet noch immer*. Aus: Anhaltspunkte 6/78. © Deutscher Evangelischer Frauenbund e.V., Hannover. **S. 17**: Gisela Arnd-Quentin, *Mut zum Lassen*. © Autorin. **S. 20**: Jörg Herrmann, *Träumen*. © Autor. **S. 23**: Jochen Klepper, *Die Nacht ist vorgedrungen* (Weihnachtslied), Verse 1,3+4. Aus: Kyrie – Geistliche Lieder. © Luther Verlag, Bielefeld 1998. **S. 26**: Heinrich Albertz, *Was ist Licht?* Aus: Wolfgang Erk (Hg.) – Radius Almanach 1979/80. © 1979 by Radius-Verlag, Olgastr. 114, 70180 Stuttgart. **S. 31, 88**: Michael Ende, Hören / Der alte Straßenkehrer Beppo. Aus: Ders., Momo. © 1973 by K.Thienemann Verlag (Thienemann Verlag GmbH), Stuttgart – Wien. **S. 33**: Ursula Nielen, *Herz-liches Nein*. © Autorin. **S. 34, 46**: Max Frisch, *Kein Bildnis machen/Fragen*. Aus: Ders., Tagebuch 1946-1949. © Suhrkamp Verlag, Frankfurt 1950. **S. 36**: Erich Fried, *Angst und Zweifel*. Aus: Ders., Gegengift. © 1974, Verlag Klaus Wagenbach Berlin. **S. 37f.**: Helmut Thielicke, *Vom Vergeben*. © Autor. **S. 39**: Lothar Zenetti, *Begegnungen*. Aus: Ders., Die wunderbare Zeitvermehrung. © Erich Wewel Verlag, 5. Auflage, Donauwörth 2000. **S. 42f.**: Erich Fried, Dich. Aus: Ders., Es ist was es ist. © 1983, NA 1994, Verlag Klaus Wagenbach Berlin. **S. 45**: Peter Spangenberg, *Taten*. Aus: Ders. Na gut, ... sagte der Bär. Fabelhafte Weisheiten. © Agentur des Rauhen Hauses, Hamburg 1996 (gekürzt). **S. 48**: Peter Bamm, *Fünf Hemden*. Aus: Ders., Die unsichtbare Flagge. © Kösel-Verlag, München, 15. Auflage 2001. **S. 49**: Hanns Dieter Hüsch, *Ich bin vergnügt* (Psalm). Aus: Ders., Das Schwere leicht gesagt, 1997/4, S. 47. © tvd-Verlag Düsseldorf, 1991. **S. 50**: Helmut Thielicke, *Glauben im Huckepack*. Aus: Hinrich C.G.Westphal (Hg.), Das Helmut Thielicke Lesebuch. © Quell/Gütersloher Verlagshaus GmbH, Gütersloh 1998. **S. 52**: Lothar Zenetti, *Nebel*. Aus: Ders., Auf seiner Spur. Topos plus 327. © Matthias-Grünewald-Verlag, Mainz, 2. Auflage 2001. **S. 53**: Inken Christiansen, *Die Einladung*. © Autorin. **S. 54**: Erich Kästner, *Liebe Kinder*. Aus: Ders., Die kleine Freiheit. © Atrium

Verlag, Zürich. **S. 55**: Barbara Kamprad, *Lebender Kalender.* © Autorin.
S. 56: Norman Vincent Peale, *Verkehrschaos.* Aus: Ders., Heute fängt
dein Leben an. © der deutschsprachigen Ausgabe, Oesch Verlag, Zürich
1985/2001. **S. 59**: Christel Voß-Goldstein, *10 Gebote für workoholics*,
S. 30 aus: FrauenGottesDienste Band 1, Zeit. © Schwabenverlag, Ost-
fildern 1999, S. 27/28. **S. 60**: Karin Ullrich, *Selber singen macht Spaß.*
© Autorin. **S. 61**: Hans-Albrecht Pflästerer, *Vor Ladenschluss.* © Autor.
S. 65f.: Arnim Juhre, *Geboren im Stall.* Aus: Ders., Frieden will geboren
sein. Advents- und Weihnachtsgedichte. © Lutherisches Verlagshaus,
Hannover 2001. **S. 70f.**: Jörg Zink, *Zwölf Nächte.* Aus: Ders., Zwölf
Nächte. Was Weihnachten bedeutet. © Verlag am Eschbach, Esch-
bach/Markgräflerland, 2. Auflage 1992. **S. 74**: Otto Heinrich Kühner,
Das Lächeln. Aus: Ders. Ein Lächeln zum Wei-terreichen. © Ullstein
Verlag, Berlin. **S. 79**: Dietrich Bonhoeffer, *Von guten Mächten.* Aus:
Ders., Widerstand und Ergebung. © Chr.Kaiser / Gütersloher Verlagshaus
GmbH, Gütersloh. **S. 82**: Rainer Haak, *Leere Seiten.* Aus: Ders. Heute
ist Zeit zum Leben, 365 gute Gedanken auf der Suche nach Gott. © Aus-
saat-Verlag, Neukirchen-Vluyn, 2000, S. 7. **S. 83**: Rose Ausländer, *»1982«
(Im neuen Jahre / grüß ich / …).* Aus: Dies., Wieder ein Tag aus Glut und
Wind. Gedichte 1980-1982. © S.Fischer Verlag GmbH, Frankfurt am
Main 1986. **S. 87**: Hilde Domin, *»Nicht müde werden«.* Aus: Dies.,
Gesammelte Gedichte. © S.Fischer Verlag GmbH, Frankfurt am Main
1987. **S. 89**: Günter Bruno Fuchs, *Für ein Kind.* Aus: Ders., Werke – Gedichte
und kleine Prosa. © 1992 Carl Hanser Verlag, München/Wien. **S. 90**: An-
toine de Saint-Exupéry, *Sehnsucht.* Aus: Ders., Die Stadt in der Wüste.
© 1956 Karl Rauch Verlag, Düsseldorf. **S. 91**: Wolf Biermann, *Ermutigung.*
Aus: Ders., Alle Lieder. © 1991 by Verlag Kiepenheuer & Witsch Köln.
S. 92: Heinz Piontek, *Freies Geleit.* Aus: Ders., Morgenwache. © Bergstadt-
Verlag, Stuttgart. **S. 95**: Christa Spilling-Nöker, *Neujahrssegen.* Aus: Dies.,
Ich schenke Dir ein gutes Wort. Ermutigungen und Segensworte. © 2002
Verlag am Eschbach Der Schwabenverlag AG, Eschbach/Markgräflerland.

Trotz intensiver Bemühungen war es dem Verlag leider nicht in allen
Fällen möglich, den jeweiligen Rechtsinhaber ausfindig zu machen. Für
Hinweise sind wir dankbar. Rechtsansprüche bleiben gewahrt.

Meditationen und
Anregungen vom
30. November 2003
bis 6. Januar 2004

der ANDERE ADVENT

Alle Jahre wieder

eröffnen im Spätsommer Spekulatius und
Nikoläuse eine hektische, kommerzielle
Vorweihnachtszeit.
Wir halten dagegen.

Der Andere Advent

lädt täglich zu zwölf Minuten Stille ein.
Wir begleiten Sie mit einem Kalender
mit nachdenklichen und überraschenden
Texten, faszinierenden Fotos und einer
kreativen Grafik.

Der diesjährige Kalender (7,50 € + Versand)
kann bestellt werden bei *Andere Zeiten*
Fon: 040/471127-27
Fax: 040/471127-77
Internet: www.anderezeiten.de